昭和に生まれた侠の懺悔

KEI

東京キララ社

はじめに

　自分は昭和三六年に生を受け、今現在に至るまで普通の人が経験した事のない人生を送ってきました。特にアメリカ刑務所での体験は、二〇〇七年に出版した『ＫＥＩ　チカーノになった日本人』（東京キララ社）以来、様々な書籍を出してきたので、詳しい方も多い事かと思います。

　一〇年以上にわたる異国での想像を絶する刑務所生活、他にもアジア人はいたけれど日本人は自分一人でした。毎日夜になると身を守る為ナイフを忍ばせ寝たフリをしていました。命に関わる事だから必死だったのです。これからどうなるのかという不安より、今現在の自分の身を守る事の方が大事でした。

　そんな時、あるコミュニティと喧嘩になり、それがきっかけでそこのボスと仲良くなりました。その中で仲間から沢山の事を学び、身に付けてきました。人生の価値観を大きく変える転換期でした。忍耐、努力、マナー、読唇術、心のコントロールの仕方など全て己に置き換えて頑張りました。カウンセラーの資格も取りました。異国の地で日本人として苦しい事に向き合ってきた事を糧にして、もし、自分が無事日本に帰れたら必ず、今を苦しんでいる子供、若者、その他にも苦しんでいる人たちの為、役立てようと思っていました。

でも、日本に帰った時あまりの変わりように驚きと共に、自信もなくなりました。一〇年という歳月はバブルの時代を経て、日本そのものが疲弊していました。カルチャーショックでした。「一体何から始めたらいいんだ?」と自問自答の毎日でした。

一度原点に返ろうと思い、地元阿佐ヶ谷に帰り苦労した幼少期を振り返りました。家庭環境は決して良くありませんでした。いつも不良やヤクザと呼ばれる人たちに囲まれて、そんな人たちを間近で見てその人たちのキップの良さ、強きをくじき弱きを助ける義理人情の世界に憧れるのは当たり前の事でした。

その頃の自分は、父親の顔も知らず母親からも育児放棄をされていました。あまり母親にはよく思われていなかったせいか親戚中たらいまわしに。唯一、爺ちゃんと婆ちゃんだけがよく面倒みてくれました。爺ちゃんは金がないヤクザ者や不良たちに飯を食べさせたりする面倒見のいい人でした。その面倒を見てもらった人たちは今では大親分になり、そこその地位についています。その時すでに、困っている人を助ける事の意味や、義理の重さを習ったようです。両親の愛情も知らない環境でも、良い事も悪い事も自分自身で身に付けねばと本能で感じたんでしょうね。

あれから五〇年以上経ちました。親子の絆が強い人もいれば、子供を犬畜生の如く扱い、愛情のかけらも持たない親も沢山います。痛ましい事件もあちこちで起きています。絆が薄いんですね。自身も経験しているのでよく理解出来ます。見ていられません。そんなかわいそうな恵まれない子供たちを助けたい一心で、アメリカの刑務所を出所して以来、ボランティア活動に心血を注いできました。今ではその子供らの笑顔を見る事が一番の楽しみになっています。

また、薬物依存、ギャンブル依存、育児放棄、虐待など、精神的に不安を抱えている方々に対しても自分が歩んできた人生をもとに助けてあげられたらいいと思いNPO法人グッド・ファミリーを立ち上げました。現在は、この本に収録している書などを展示するギャラリーを併設しようと取り組んでいます。

この書はもともとその日に起こった良い事や嫌な事、感じた事などを書きためてきたものですが、この中の一つでも自分に当てはまるものがあって、今後の人生のヒントになればと思っています。

自分は子供の頃から今まで、考えられないほど道を間違えてきました。しかし、その回り道のおかげで今日の自分があります。経験は宝物です。

自分の人生を変えたくても変えられない人が大勢います。受刑者の方や、今どうにもならないほど精神的に苦しんでいる方に、是非己の人生と照らし合わせて読んでいただけたらありがたいと思うのです。

コロナ禍、天変地異、景気の減退、全てが悪い方へ向いている今だからこそ、自分を変えるチャンスだと思って下さい。

二〇二〇年九月五日　ＨＯＭＩＥ　井上ケイ

「侠」

昭和に生まれた侠の懺悔

今年は元号がまた、変わる
思い起こせば昭和、平成と半世紀以上生き抜いてきた
昭和の終わりに人生最高の歳に大陸の塀の中で過ごした
限られたコミュニティの中でマイノリティグループの
ボスと知り合った
アンラッキーがそこからラッキーに変わった
色んな仲間たちと絆を感じながら生きた十年
そこから日本に戻され数十年、その絆が今も変わらず
続いている

仲間たちと共に過ごし共に人生を歩き続けている
迷惑もかけたし家族にも我慢を強いて来ている
多分、自分の性格と人との縁が作用しているのであろう
仲間たちも増えたし、また減りもした
次世代の元号に変わっても自分に変化はないだろう
人は家族に支えられ、仲間たちに支えられ生き抜いて
いくだろう
人は一人で生きて行くことは不可能だろう
昭和、平成、また元号が変わっても自分は変わらずにいたい

平成最後の正月　吉日

Kei.

我道

初めに終わりがある。
抵抗するなら最初に抵抗しろ。
歓天喜地するなら
最後に歓天喜地しろ。

途中で泣きを入れるな。
途中で半端に笑うな。
自分はそう生きたい。

平成最後の如月 吉日

Kei

挨拶

礼に始まり礼で終わる
挨拶の出来ぬ人は社会人失格
人生の基本
おはようございます
おやすみなさい
ありがとうございます
お世話になりました
また明日宜しくお願いします
さようなら
礼のない人間を社会は認めないと思う
礼の基本の挨拶だけは
きちんと出来るようにしよう

今日

今日は一日辛かった
今日は一日楽しかった
今日は頭にきて喧嘩をした
今日は仲が良くなった
今日はご飯がまずく思えた
今日はご飯が旨く思えた
今日は身体の調子が悪かった
今日は身体の調子が良かった
今日は海が見たくなかった
今日は海がきれいに思えた
全て過去形だが
もともと昨日明日はないものだから
寿命が続く限り今日を生き続けたい！

悩み

人生は、悩みとの闘いだ
悩みに惑わされず
「負けてなるものか！」と己に言い聞かせ毎日を生き抜く事が
人間としての真の生き方だろう！

怒り

なんでそんなに怒っているんだ？
怒ったって何も得るものはないだろ？
そんなに簡単に怒ったら百円ライターと一緒だよ
怒る時は二つに一つしかない時だよ
最後の最後に本気で怒りを出せばいいんだよ

嫉妬

嫉妬はするな！
嫉妬すれば必ず相手からも嫉妬されるだろう
猜疑心が強いと、きっと嫉妬心が増すだろう
でも中々、男と女の嫉妬する気持ちは
己でセーブする事は難しいだろう
嫉妬すれば必ず悪い事が起こるし
人として人望もなくなるだろ
また、人の悪口を仲間内で言えば
その仲間たちにもきっと
「自分も同じ事を言われているのか？」
と思われてしまう
嫉妬心は表には出さず
内に秘めておいた方がいいだろう

己を信じろ

人は自分の器に合った生き方しか出来ない！
人に頼らず己で道を切り拓け！
身命を投げ打つ覚悟で常に前に出て
己の〝力〟を信じろ！
一歩も退くな！
勝ち負けは考えず
他人は他人
己と比べず〝分〟相応の生き方をしろ
人の一生、今日は〝無〟でも明日は〝有〟
明日をあてにせず
今日一日腹を括って生きよう！
座って半畳寝て一畳
一畳あれば大満足！

鉄腸石心

鉄のように石のように
固い決心を簡単に変えるな！
意思を固く事に当たれば
きっと思いが届くだろう
人間の天性は
誰でも似たり寄ったりで
あまり変わらない！
だから自分の個性を
思う存分発揮すればいい
他人と自分を比べる必要は
全然ないと思う

信念

こう思ったらとことん
真っ直ぐ行動する
信念を貫くというのは
生半可な気持ちでは出来ない
叩かれても叩かれても

何度でも立ち上がり
雑草のようにすぐ咲いてくる
そんな気持ちで思いを
貫けば良いと思う
それが、曲がらぬ信念だと思う

令和二年　水無月　清日

Kei.

頑固者と言われるが
自分は自分の考えをとうす
頑固者(いんごう・いごっそ)など
各地で呼び方があるみたい
だけど味があっていいことだと思う
己れで分かっているんだから…
男は頑固者でいいではないか

その 頑固者がたくさんいたから
今の日本があるのかもしれない
己れの考えも持たず
フラフラ者ばかりでは
今の日本はないだろうね

令和二年 文月 頑固者

Kei、

毎日

毎日一生懸命に
与えられた仕事をこなして生きる
しかし、毎日仕事をしていても
達成しないのが己の器の限界なのか?
それともわざと
右から左への生活を送っているのか?
贅沢などはせず毎日の糧を得て
変化のない毎日でも良いと思う
減りはしてもそれ以下には減らないのだから
今まで欲まみれの人生を送ってきたが
歳を重ねるごとに右から左への毎日が
ごく普通に思える

心ここにあらず

何をしても上手くいかず
ただただ疲れる事ばかり！
こんな日が毎日続くと思うと
心も折れがち
根気がないとやっていけない
「己と闘う」という心を持ち
何事においても
「自分は負けないんだ」と強く意思を持ち
今後も頑張っていきたい
死ぬまで勝負しなきゃね

人の声

ジッと耳をすませば
聴こえてくるだろう
いい事も悪い事も
聴こえるだろう
どんな声が聴こえてこようとも
自分さえしっかり覚悟を決めて
恥じない人生を送っていれば
なんの問題もない
鼻歌でも歌って聴いていればいい
その声をどう自分で解釈するかが問題なんだと思う
その声を自分の声だと思えるようになれば、しめたものだろう
その声に惑わされないようにしたいものだ
決して神様の言葉ではないんだから（笑）

約束の時間を守るという事

餓鬼の頃の職業柄なのか、約束した場所には
必ず三〇分から一時間前には着くようにしている
時間を守らないと
自分自身が落ち着かない
人よりも早くなんでも先んじている
義理がある人などを出迎えに行く時なんか
まるでレーサー顔負け
自分が一番に到着していた
還暦になった今もその精神は変わらない
先輩たちの教育が
身に染みついたんだろうな!

学がなくても世の中生きていける

学がなくてもいいじゃないか！
格好だけで世の中生きていける？
そんな軽いもんじゃない人生は
学と経験とは別物
経験が何事も物を言う
キャリアとノンキャリ
一般的にはキャリアが上に見られがちだが
ノンキャリ、いわゆる叩き上げ……
苦労して苦労してきた者たちだけが
勘を頼りに世の中に挑んでいく
何事も経験者にしか分からないものがある
学がないからといって人生を諦めるな

生きていくのに必要な事

人間は生きる為に
最低限の衣食住が約束されている
その中で仲間たちとの付き合いがあり
人間個々に性格があり思考も違う
感情が交わる時
大切にしたい事がある
約束は守る
嘘は言わない
弱者を労わる事
これらを己の心に刻み込み
行動する事が
必要ではないか

裏切り

信頼していた人間に裏切られたら、貴方ならどうしますか？
きっと頭にきて、喧嘩になる事でしょう
自分は信頼関係のあった人から、何度も裏切り行為を受けてきました
謂れのない不条理な結果に腸は煮えくりかえっています
しかし、絶対に言動に出したりしません
何故なら一度は信頼した人間だからです
頭にきて「テメェこの野郎！」となってしまったら
自分自身が恥ずかしい思いをするからです
グッと耐えて我慢する事を
いつの間にか辛い人生の中で覚えたからかもしれません
貴方たちに言いたい
裏切る事は簡単かもしれませんが、信頼を築くのは大変です
また、男として生まれてきたからには、信頼される男になりたいと思ってほしい

怒る事は誰でも出来ます　簡単ですね
でも、そこでグッと耐えて我慢出来たら、本物の男かもしれませんね
大人としての対応が出来る事は、本当に素晴らしい事だと思うのです

世間様

世間様、あんまりにも不公平ではないのですか
金があればなんでも出来るのかい？　金がなくとも生きていけるんですよ
そりゃあ、あれば良いけど、なくてもないなりに幸せに生きる事は出来ますよ
最低限のルールを守り、人の悪口は言わない
弱い者には優しく、強い者、悪い者にはどこまでも負けずに向かっていく事
銭金では出来ない事ですよ
だから皆も負けず、歯向かっていきましょう
反骨精神でね

忍耐と我慢の違い

忍耐＝病苦 痛さ、恐怖心

外敵からの攻撃に

精神的に耐える

我慢＝人間として不条理な

扱いをされても我慢する

一歩引いて我慢して
自分に打ち克つ
三度同じ扱いを受けたら
我慢も限界で良いのでは？

令和二年 文月 限界日

Kei.

我慢しろ！
我慢できぬ人間に
何ができる！

石の上にも三年、五年十年
死ぬまで我慢の連続だ！
多分死ぬ間際まで我慢だろう！
我慢に終わりなどない！

KEI

人間は
生まれた時から
我慢が始まり

この我慢は
死すまで終わらぬ

令和元年 神無月 吉日

Kei

何事においても
常に堪忍の二文字を
忘れてはならない
一時の怒りの為に

身を滅ぼす
と言うような
事もある

令和元年　仲秋　吉日

Kei

喜怒哀楽

喜びを大いに感じ
怒りをおさえ
哀しみを隠し
楽しみを分け合い
笑顔を絶やさず
優しい心と寛容さを忘れず
謙譲心をもって人に接したい

向上心

人から学ぼうとする謙虚な人間には向上心がある！
自分らしく悠々とした毎日を過ごし

毎日の中にも向上心があれば
思わぬ勉強になる事もある
日々勉強だと思って生きる事が
大切ではないのか

己の分

人それぞれ〝分〟相応の生き方がある
器量があっても〝分〟を守らねば
いつかは〝己〟が崩れる時が来る
その時、初めて〝己〟の〝分〟を知る事になるだろう
自己を知り〝分〟相応にコツコツ毎日を頑張れば
崩れても踏ん張りがきくだろう……
人を知る者は智なり　自ら知る者は明なり

好機到来

人には持って生まれた〝運〟というものがある
しかし〝運〟というものは機会を逃せば〝不運〟となる
人の一生には三度チャンスが目の前を通り過ぎるという
そのチャンスを捕まえる事が〝運〟である！
チャンスを見逃すな！
〝運〟を見逃し後から後悔しても時すでに遅し！

万里一空

進むべき道を行け！
止まる事なく　今日は負けても明日は勝て！
振り返る暇があれば今を生きろ！

起承転結　結果が全て！　転んでも泣くな！
泣いても己の怪我は治らない！

負けない心

人は思い通りにならない物事に
不安や悩みを抱く
それに打ち勝つ為に一番大事な事は
心が負けない事だと思う
その為に人は一日の反省をし悟り
悔しさをバネに生き抜く
己に勝つ為に毎日を戦い抜いて
人生の終わりを迎える事が
人の一生だと思う

真実

見てくれだけで付き合ってくれる人間は
所詮上辺だけのお付き合い
社交辞令だね
本当のお付き合いをしてくれる友というものは
お互い、じっくり時間をかけて
真実を理解してくれるはずだよ
要は信頼関係だな

男の心得

井の中の蛙　大海を知らず
しかし高さを知り　上る術あり

峰高くして　低山見落とさず
小事に関心を持つがよし！
（経験がなくとも気合いを入れて日々考え行動すれば、なんとかなる。
上がる為には小さな足掛かりを見落とすな！）

逃げるな

人の一生はあっと言う間に過ぎてしまう
だから色々な不運が重なろうとも
絶対に逃げたらダメだ！
また、恐れる心をもって不運に向かわない事だ！
それが結果、己を強くする事だと思う

勇気

勇気がない人間はいない！
ただ出そうとしないだけだ！
やれない事の能書きを並べ立てるより
まず行動出来る男たれ！

拍手喝采

自分の心を
物欲などで曇らす事などするな！
自己の精神を鍛え
思慮深く徳を身に付けろ
一足を急いで大転びするより

一足退いて力を加え
大前進せよ！
必ずゴールが見えるだろ
その時こそ大威張りで胸を張れ！

座して黙す

どしん！　と座って待っていろ！
慌てず、恐れず、考えず！
ジッと座って待っていればどうにかなる
うろたえる事なくただただ座って黙すのみ
そうしていると必ず答えが出るから
答えは相手からやってくるだろう

真っ直ぐに生きろよ！

昔偉い人からそう言われた
真っ直ぐ生きる事の辛さを経験してきた人の言葉
今ようやくその意味が分かった気がする
真っ直ぐ生きるという事は
誰かの為に一生懸命に己の欲得を捨てる事
そう思って今は生きている
人を騙すな　自分に正直であれ　まずは人の為に

使命

この世に使命を持たないで生まれてくる人間はいないと思う
一身に背負っている宿命を自ずから甘受し

それを克服して　今やっている事を成し遂げる覚悟があれば
なんとかなるのではないか！

誠

誠とは、言った事は成すという事
何はともあれ、先に思考せず行動あるのみ！
行動すれば必ず結果が出る
悪くも良くも結果が全てであり
言った事は必ず成す事
頭が悪かろうが利口だろうが
身体でぶつかっていく事
それが誠であり
信頼に繋がっていくのではないか

義に背けば
勝っても
勝ちはなく

義を貫けば
負けても
負けない

令和元年 仲秋 吉日
Kei

世の末に
咲かせてやろう
赤い華

白地にひとつ
日の本の華

令和二年　皐月　覚日
Kei

おとこ
なってみたい侠に
武士道魂を忘れず
強きに向かい
弱きを助く

そんな侠になってみたい
なってやろう
死ぬまでに・・・

令和二年　文月　肝日

Kei.

人として、してはならない事

自分より弱い立場の人間を
傷つけたり殺したりしてはいけない
他人の物や女、金を盗んではならない
親子の絆があるからといって無礼をしない事
自ら命を断つような真似をしてはいけない
己に負けた事になるから
告げ口はしない事
これら全て人間としての当たり前の事だけど
これが出来ない人間が多くなっている昨今
今一度考えてもらいたい

男として生まれたからには

男になりたい、男として生きたい、男らしく死にたい
みーんなそう思っていると思うけど
これがなかなか思うようにいかない!
なんせお国の上司たちが保守保身に走っているからだ
だからその部下たちは、なーんにも出来ない
そういう時は心の中で
毎日を男らしく生き、死んでいく為にはどうすれば良いか
今のうちからシミュレーションするのもいいと思う
望んでいた形と違っても、それに近い形で男として生きていけるのではないのか?
立身出世、金、女、車、アイテム使ってデカい顔していても
心の中では怯えてるんが上司
わたしゃ金も要らず女も要らず
も少し男らしく生きたい!

男の賭け

道を歩いていると二つの分かれ道があり、右か左か?
俺は「右に賭ける」と思い進むべき道を行く
自分で決めた道だから
勝っても負けても悔いはないだろう
後悔するのが一番ダメだと思う
「やっぱり左だったか」とか結果が出てるんだから後悔しない事
二つに一つしかなければ「負けてもいい」と
自分の思う方に賭けるべきではないか?
バカラに例えればタイとか保険はあるけど
日本人は丁半バクチ、結果が出るのが早い!
結果が全てなら負けてもともとと思って
何も考えず潔く自分の思う方に賭けたらいい
その方が勝ちに繋がるのでは?

昔の日本人と今の日本人の違い

昔の人は義に厚く情が厚く、約束は守る、言った事はする
友情にも熱い、余計な事は喋らない
今の若い子たちの神経は理解出来ない
義理人情友情愛情全て、思慮が浅くなってきているように思える
若い子たちの思考にはついていけない
というか、自分が歳取ったんだろうね
昔はマンツーマンで近所付き合いもあってオッサンたちが教育してくれる
今は引きこもりとかでパソコン相手にしか感情が見えないのか?
だからバーチャルでしか行動出来ない
人の痛みとか感じないのかね?
悲しい事だと思うけど
今の若い子たちも歳重ねたら
その時代の若い子見て、なんなんだって思うんだろうね

明日は勝つ！

一人では何にも出来ない男たちが
世の中には山ほどいる
衆を頼み、男顔する輩たちが……
人間は弱い生きものだから……
ここ一番の時に腹を括れない！
頭ばかり使い権謀術数に長けた男たちの中で
たった一人で悔しさを堪え
腹にグッと力を入れ
今日は負けたとしても明日は勝つ！
必ず一矢報いる覚悟で物事に挑みたい！
真の男の勇気とは
第三者のいない
二人っきりの時に示されるだろう

不言実行

泣きを入れても何も変わらないんだから
無言でいた方が見た目がいい
人の目を気にする事なく不言実行がいいね
失敗しても泣きを入れずけじめをつける
それが大事だと思う
逆に有言実行もある
言った事に対して腹を括ってやり通す
このような考えなら
泣きを入れている事にはならないのではないのか?
泣きを入れて何もけじめをつけられない
だったら、言い訳をせず
なるようになった方がいいのではないのか
その方がよほどカッコがつく

継続は力なり！

その行動の一歩一歩が出世への源だ
自身で目標に向かって根気強く力強くゆっくりと歩んで行こう

決心

生活困窮を極め
謂れのない事で眠れぬ日々が続き
死にたいと思ったある日
硬いブロックの隙間から、一本の雑草が伸びているのを目にした
太陽の光を求め、一生懸命に伸びようとする生命力に感動した
今の自分は一生のうちの一時の辛抱に過ぎない
決して負けるものかと、そう心に決めた！

心機一転

心を新たに出直そう
何かが変わるだろう
変化のない毎日を送っていてもつまらない
変化を求めて進んでいきたい
たとえ自分に利がなくても
必ず何かが見つかるだろう

死と生は表裏一体

生きるという事は、常に死を見つめるという事
辛い事から目を逸らさず、真っ直ぐ生きたい！
そうすれば、何にも負ける事はないだろう

反骨者

自分は人とは違う人生を歩んだ
白の中に黒が混じると
圧倒的に黒の方が勝つ！
だが、白が目立つ今の世の中では
色眼鏡で見られ
邪魔者扱いされ
メディアは誤った事実を
当たり前のように伝える
それを正そうとすれば
潰しがかかる
反骨者にとっては
生きにくい世の中になったもんだ！

敵が多い方が己を強くする（逆転の発想）

敵が多ければ、警戒心が強くなる
警戒心が強ければ
負けないように努力して
選択技が増え精神力も強くなる
精神力が強ければ覚悟が決まる
覚悟が決まると人間の器もデカくなる
昨今、敵を失くそうとゴマスリが多い世の中
全員が味方だと人生つまらないと思わないか?
俺が死んで
泣くやつ千人笑うやつ千人とよく聞くが
笑われて死んでいくのも
中々乙なものではないか

太く強くしなやかに

自分が望んでなくとも
理不尽な悪魔は突然舞い降りる
立ち上がれないほど打ちのめされ
恐怖と怒り、後悔と悲しみに暮れる
しかし過ぎ去った感情に翻弄されて悩んでみても
なんの進展もない
長い人生の道程の途中で
理不尽に思う事も沢山あるだろう
その時こそ過去の感情をバネとし
我慢して理不尽に立ち向かおう！
我慢が出来れば人はなんでも出来る！
自己に負けず前向きに生きよう！
北国の雪に埋もれている〝竹〟は

ジッと雪の重さに耐え春が来るのを待って
雪を跳ね返す機会をうかがっている！
我慢すれば一段と太く強くしなやかになる

人生追い風向い風

逆境に身を委ね
「どうにでもなれ！」と言えるほど若くはないけど
苦しい時はジッと我慢して
チョット楽ならみんなと分け合い
もっと楽なら俺は何にもいらないよ！
宝くじと同じで楽になるほど当たりはないけど
少しぐらい楽になるよう前向きに
逆境の風に身を委ねたい

タイミング

その時そこに居なければよかった
あの時こうすればよかった
そうすればアイツも死なないで済んだのに
そうすればあの娘も死なないで済んだのに
自分はあの時はやばかったけど
なんとか生き抜いてきている
全てタイミング良し悪し
運が強い弱いではなくタイミングだと思う
自分自身で本能的に分かっていたんだと思う
生き抜く術を本能的に悟り
タイミングを読む事が大事だと思う

本当に良い男とは？

度胸があって良い男だなぁ
器量があって良い男だなぁ
約束を守る良い男だなぁ
人生にあっさりしてて良い男だなぁ
良い男と言う者たちには
周りからの評価があり
また、半目にまわるとそうでもない
要は自分サイドの評価だね
本当に良い男になる為には
弱い立場の人間から評価が
あってこそだと思う

ルール

人として最低限のルールを守りたい
必要以上の嘘をつかない事！
嘘をつかなければならない時も
人の為には必要だと思う……
でも己を誇示する為、他人を騙す為
己の欲を得る為の嘘はつかぬ事！
必ずどこかで付けが回ってくる
他人は騙せても自分は騙せない！
苦しさから逃れる為であっても
きっと後から数倍の苦しさが、重くのしかかってくるだろう
一から一〇まで真正直である必要はないと思うが
人を苦しめる嘘はつかない方がいいだろう
嘘から出た誠という言葉もあるように

他人を苦しめない嘘、必要性のある嘘は仕方ないだろう
自分は人に夢を持たせる嘘はついても
他人を苦しめる嘘だけはつきたくない

他人は他人、自分は自分

人に悪口を言われようが笑われようが
何と言われようが何があろうが……
腰を据えて、どん！　と座っていろ
そういう心が己を形成する！
他人は他人、自分は自分！
反骨精神を常に持ち、人に従わず
まず自分はどんな考えなのか自心に問え！
たとえすっ転んでも、ちゃんと見てくれている人間がいる事を忘れるな！

人生に生別死別の悲しみがある
悔辱に耐え忍び
言いたいことも言えず
したいことも出来ない時がある
真実の悪評に弁解さえ
許されない時がある

くやしくて 歯をくいしばり
握りこぶしで 涙を押える時がある
それらの苦痛を抱きしめて
じっと見つめる
そこに男の修業がある

KEI

助太刀

愚痴や文句も言わず
自棄けを起こさず
一生懸命与えられた目の前の
やらなきゃならない事を
黙々と苦しい時もこなす
そうしているとと必ず人は

見てくれている
よく見ているからねえ～
他人は…　その人の心や行動を…
正統派で頑張っていりゃあ
誰かしら助太刀してくれる
それが何かの縁なんだから！

令和二年　葉月　耐日

Kei.

姿勢が大切
心をしっかり持って
自分の言動に責任を持ち
心になんのやましさもない心で
相手の目を見て話しをでき

背筋を伸ばして大きな声で
話を出来るよう心がけたら
信頼も生まれるだろう
何事も姿勢が大切！

令和二年　文月　礼日

Kei.

刺青

今は、餓鬼の頃は真面目で
二〇も半ばに刺青を入れて見せ歩き
不良の不の字も分からない奴がデカい顔をしている
俺たちの時代は刺青を彫りたくても金がないから
筋彫で終わるのが多かった
でも今の子たちは銭の流れに聡い
それぐらいの金があるから一気に仕上げる
中には、夏に見えるところしか入れていない輩もいるけど（笑）
刺青を入れたら人が変わったように錯覚する
餓鬼の頃そうだったね
形から入って腹を決める
そういった経験がないんだろうね

少年時代

反省はしても後悔はしたくない
したくはないが悔やまれる事ばかり……
歳のせいか？
少年時代《ガキの頃》を思い出すと
今では後悔ばかりしている自分がいる
青くさい餓鬼の頃が懐かしい！
出来るのなら、あの頃に時を戻してほしい……
そう思う時がたびたびあるが
人の一生、無限に続く転生
生老病死四つの苦しみが
永遠に繰り返されるというが……
あの少年時代が
一番良かった人生の一幕だったのだろうか？

昭和の自分たちが目指していた男
今の餓鬼たちが勘違いしている男とは

俺たちが昔稼業で目指していた男とは
憧れの男だね
歌舞伎町でデビューしたての頃
いい服着て、カッコいい外車をコマの前まで乗り付けて
「お前たち腹空いてんだろ?
これで飯でも食え!」
財布ごと渡してそれでサッと帰ってしまう
後からその人の名前聞いたら、いい兄い
下の者に優しく、上の者には強い
そんな男に憧れその道に入った
その男の為なら……
どんな事でもと思っていた

現在の子供たちは
銭のあるところに近づく傾向がある
自分たちの事しか考えず利口なんだね
中には違う子供たちもいるとは思うけど

月日の流れは早い

流れ去った一日は二度と戻らない
今日からでも一日を後悔する事なく
明日へと繋げたい！
光陰矢の如し！
過ぎ去った過去に戻れないが
これからも未来があるから
一日一日を大切に生きたい

過ぎ行く歳月

昔は良かったなァ！
餓鬼の頃は欲望はあっても
明日の事など考えなかった
なんもいらず衣食住困らなかったなァ
怖いものもなかったなァ
後先を考えずただ突っ走り生きていた
あの頃に戻りたい！
今じゃァ何をするのにも
〝責任〟がついてまわる位置にいる
そう思うとつくづく歳をとったと思う
あの頃の歌舞伎町に戻りたい！

終着駅

あれから、色々な事があった
感情で表せば喜怒哀楽
楽しい事もあったし
「このやろう！」と怒った時もあったし
堪えきれず泣いた時もあったし
喜びを愛する者と分け合った時もあったけど
今では、そんな感情もあまりなくなってきたかな
歳を重ねたせいか人には感情を見せないようになった
心の中でグッと堪えて生きている
終着駅までこの調子だと思う
頑固一徹ではないが
きっと終着駅に着いたらホッとして
思い切り感情を表現するだろう

餓鬼の頃は

餓鬼の頃自分ではカッコいいと思っていたが
歳を重ねるごとに
その頃の事があまりカッコいいとは思えなくなった
経験を重ねると
常識というものが身に付いてくる
ガキの頃はタバコ吸ってどこでも捨てた
でも今は、きちんと灰皿に捨てなきゃと思うように
小さな事から変わる
今はタバコもやめた
身体を思うとね
そんな考えが
常識人へと変えさせるのだろうか?

明日の事など

少年時代《ガキのころ》、相手かまわずカッとなり
突き進んだ時代だった……
はったり八分、性根は二分（笑）
だが自然に仲間が周りに集まり
明日の事など考えず……
ただただ〝今〟が良ければいい刹那主義
女、飯、今日の寝ぐら……
指先一つのマジックじゃあないが、苦労せずなんでも手の中に……
あの野郎この女郎、何処でも仲間たちがいた……
あれから何十年……
自分も今では白髪が目立ち身体も若くない……
あの時代の仲間たちがどんどん死んでいく……
それが人生か

過ぎし日を思う

飯の冷たさを味わった者だけが
本当の飯の温もりを感じられる
人生の辛さを知っている者だけが
人の思いやりが有り難く感じられる
冷たさ辛さをかみしめて人は強くなり
温かき思いやりを受けて人は優しくなれる
生きていると思える瞬間である

道

道にも色々、近道、遠回り道
人に例えたら遠回り道した者の方が

豊かな思考と経験もあるだろう
近道ばかりする人には
経験もないだろうに……
ただ金儲けだけは上手い！
この違いってなんなんだろうな？
今の世の中、一生懸命に働いても
近道して銭を稼いでいる人間の方が偉いのだから
頭の回転が違うんだろうな！
でも地道なのが一番！
遠回りで結構！
今は銭持ってても
遠回りしている人間の方が
底力があるからな！
捨てるものがないのが
一番楽だと思う！

歳月の流れに感ず

昭和時代
上手に生き抜き
好き勝手に生き
己の意のままに事が運んだ……
平成時代
ドツボにはまり右も左も分からず
異空間で生き抜いてきた
令和元年
今までの人生に実が成り花が咲いた
さて……これからどう生き抜いてやろうかと思うと
わくわくする自分がいる

時代の侠

江戸明治大正昭和、どの時代にも侠たちは存在していた
江戸時代の侠客の始まりは幡随院長兵衛
江戸後期から明治初期の清水次郎長
大正昭和の大親分と呼ばれた侠客たち
その侠たち全てに共通している性質がある
侠気、厚情、忍耐力、統率力、先見の明、人並み以上にズバ抜けていた
怖さと優しさ……男女問わず魅了させてしまう
天性の〝持って生まれた〟性分なのか……
日本の政治にも深く関わっているのも共通している
金も名も命も要らぬ、この国の為労力を惜しまなかった
それが現代ではひと握りの人間のみだ
現日本政府の圧力により、侠を育てる土壌や気風がなくなりつつあるのであろう
悲しい事だ！

男一匹

ガキのころサウナに行くと
爺さんがいた……
二の腕に〝男一匹〟と墨を入れていた。
その墨を見て馬鹿にしていた。

今ではそんな自分が恥ずかしい……
だが、この歳になって〝男一匹〟で
ありたい！そう思えてきた。
〝男一匹〟の意味が理解できる
歳に達したと云うことだろう。

令和元年

Kei

人からの指導で
初めて気づくことがある
そのことで自分の力にもなり
精神的にも強くなれる
それが先達たちの経験に

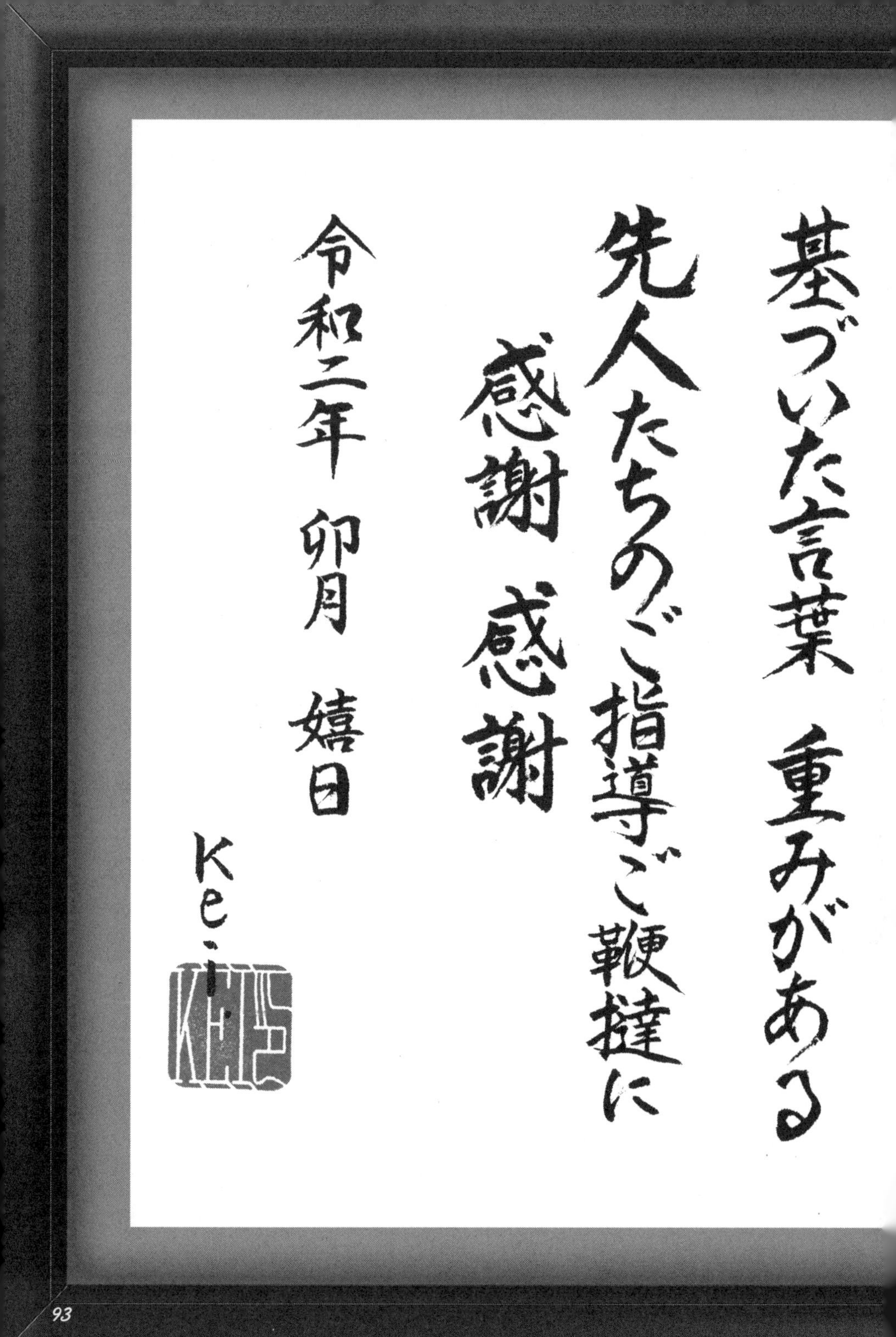
基づいた言葉 重みがある
先人たちのご指導ご鞭撻に
感謝 感謝
令和二年 卯月 嬉日
Kei

いまどきの若者

俺たちが餓鬼の頃
行儀作法を教えてくれる先輩たちがいたから
ある程度常識は分かっている、表はね！
頭くれば関係なくなるけど
やはり長幼の序じゃないけど年上は立てるね
また、自分の不始末は骨身を削ってでも
時には命がけで詫びを入れるね
だけど、今の若い子たちは自分で不始末を解決するって事
知らない子も多いのは確かだね
中には礼儀正しい子もいるけど
根本的にハングリー精神と礼儀
常識範囲内で理解してほしい
「礼に始まり礼に終わる」の精神でね

信じる事

若い頃は素直だから自分の敬う人の言葉が
スポンジが水を吸う如く心にスイスイ染み込み
その敬う人と同じような人格が出来上がってしまうが
歳をとると自分というものがすでに出来上がり色濃くなっている
他人から見ると「そんな人間なんだ？」と思われがち
でも若い頃に尊敬する人の色が出来上がってるんだから仕方ないね
若い子供たちにその自分の色を分けてやりたい
自分のいいところを吸収してもらいたい
年寄りたちが子供を信じ
子供たちも年寄りを信じる
信頼関係を築いていく事が
後世に残せる唯一の宝ではないかと思う

苦しみを味わった時

真の人生が見えるだろう
年寄りになってくるほど
妙に社会に用心深くなり
楽しみより苦しさが多く感じてくる
昔は、やりっぱなしで
苦しいなんて思った事はなかったのにな
社会人として思考が
一般仕様になってきた証拠なんだろ
一般人という立ち位置は
苦しみが常に付き纏う場所なんだろうな

一匹の虫

アメリカ刑務所時代
喧嘩で独房送りとなった頃の話だけど
独房にずっといたら
精神的にきまってしまう事があった
床にはいつくばる虫
最初は気にかけなかったが、だんだん気になってくる
虫まで気にかける自分が情けなく思えてきた
そこまで究極の精神状態になるのも心理的に当たり前だけど
人は一人では生きていけないんだと
つくづく思った
真面目な明るい世界で
人間らしく生きていきたい！
あの時のような精神状態になった事を忘れずにね

約束（マル暴との誓い）

アメリカ帰りの自分を
昔から腐れ縁のあるマル暴が
「お前これからどうする？」
「まったく分からねぇ！」

それからが始まりで苦労はしたけど
今は
弱者である立場にいる訳ありの子供たちの
面倒を見ている
まさかこの俺が……
親の愛情を知らない俺が
虐待を受けている子供たちに
夢を持たせたいその一心で

子供たちの笑い顔を見ていると
なんとか幸せになってほしい
血が繋がっていなくても
子供の笑顔は何者にも代えがたい！
反社会だった俺を見捨てず
なにかと力になってくれたあの人に感謝！
これからも約束は守り続ける
死ぬまでね！
今年は台風の影響で
子供たちを今までほど相手してやる時間がないけど
正月には皆で餅でも食べて
また、子供たちの、笑いのパワーで

益荒男《ますらお》

日の本に生まれた限りは必ず思いを成就出来るはず
出来なければまた生まれ変わってでも成就出来るはず
益荒男の　思いは届く　令和元年

令和元年最後の月師走

今年も何事もなく無事終われそうだ
令和二年、自分は何をしてるだろうか?
何事もない一年となればいいが
形ある物いずれ壊れる
はかない思いも届かず
それが人間だから仕方ないか……

気合いを入れてもう一踏ん張り
頑張ってやろうと思う

令和の年

自分の人生も多分令和で終わるだろう
もともと0から始まった人生だから
令和で終わるのもいいと思う
0~どれだけ数字を重ねたか分からないが
重ねた分だけ、この令和の年に何らかの形にして
自分という人間の想いを残せたら最高ではないか！
何も残せないでいるよりは良いのではないか？
男らしく
令和に名を刻みたい

覚悟

覚悟とは「諦める」という意味である
自分も今まで生きてきて全てを諦めてきました
パクられたら何年打たれようが
すぐに諦めて「どう楽しくその期間を過ごしてやろうか？」
その方が楽に生きていけると自分は思います
昨今では、諦めない心が大事だという事ばかりが前面に出ておりますが
本質は、諦めるという事の上に成り立っている事が諦めない心であると
自分は思っております

何か足りない

大概の事はやってきた
何か足りない
まだまだ己に納得出来ない
納得するにはどうしたらいいか？　時を待っているのか？
時が来ればその時こそ足りないものを埋めよう
死ぬ間際に悔いのない人生だったと思えたらそれでいい！
その時こそ俺の勝ちだ！

男

何もないけど男らしく生きたい
見得をはってでも男らしく死にたい

短歌

年少の　昔の友は　今もまた　修羅の道を　歩み行きしか

寒空に　菊華一凛　かくしゃくと　母の姿に　思い馳せては

嫉妬心　ついつい思い　感情を　人に読まれて　先手取られる

意地はりて　五〇数年　今有りて　すがた鏡で　観ればまぼろし

漢だろ　やってやれぬ事は　ないだろと　仁義と情けの　板挟み

ある時の　チャンスを逃し　どん底に　落ちて初めて　気付く人の世

お前には　泣かされつづけ　四〇年　今でも思う　歌舞伎の灯

雪舞えば　トンズラかました　年少の　思い馳せるは　赤城の御山

今日までの　華をかぞえて　数十本　俺が死ぬまで　あと何本か

我人生　残すところは　あまり無し　やるだけやろう　出来るところまで

吾子の笑み　日毎に増せば　われ嬉し　永遠に笑えし　我枯れるまで

お金で買えないものがある
買えないもの
命
義理
人情

己の考えで人のために
行動に走る
そんな捨て身の男の精神は
お金では買えない

令和二年 卯月 怒日

Ke・i

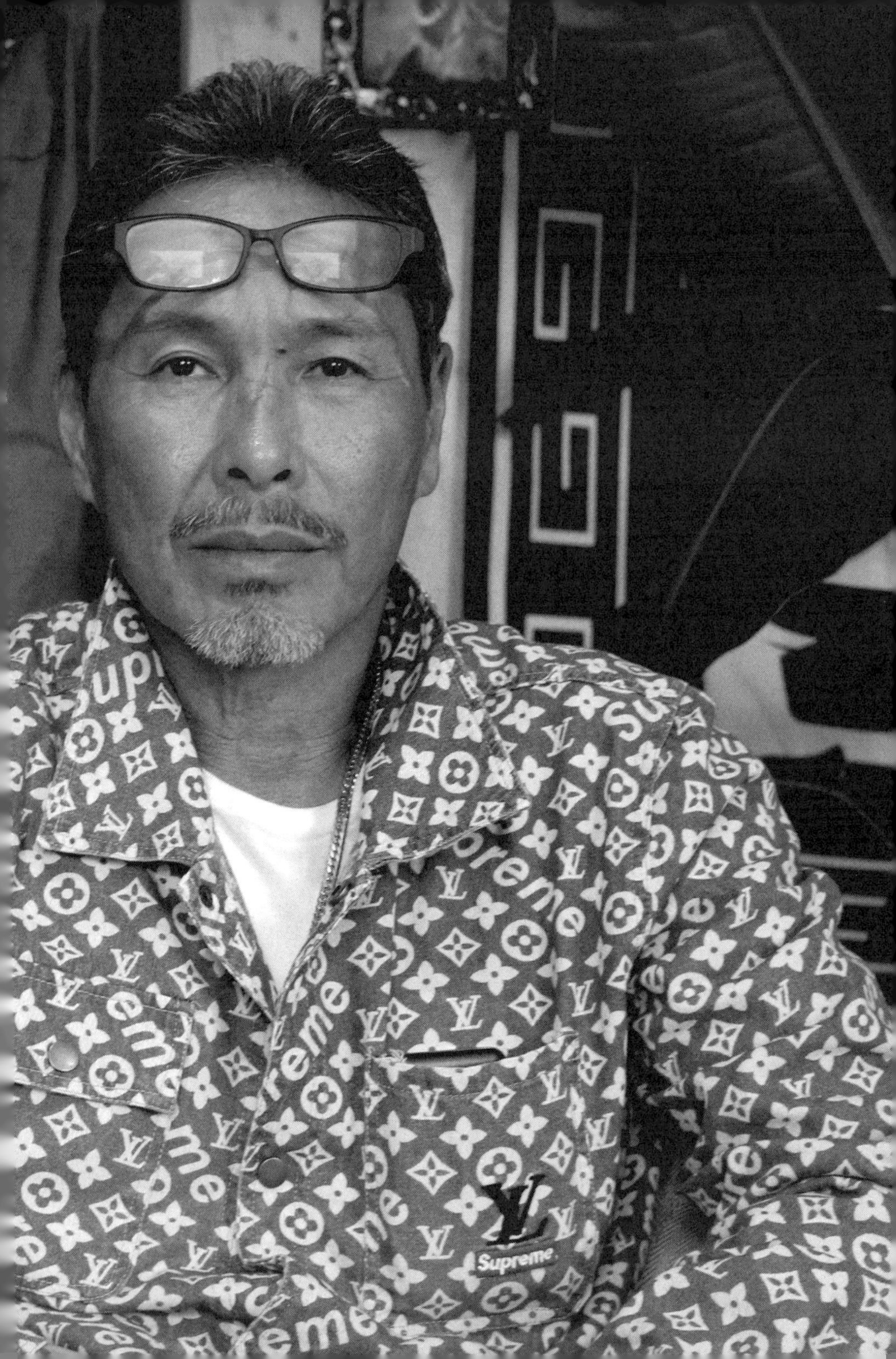
Supreme

「HOMIE」

仲間・家族

KENTS

M.C Pancho`s
TOUR
2009
RESPECT
JAPAN
M.C Pancho`s
TOUR
2009
JAPAN

M.C Pancho`s
FAREWELL TOUR
1988 2009
POWER & RESPECT
Homie Brand JAPAN

自分は頑張って
生きていると言うが
人は一人では生きて
行けない！
人の縁と支えがあって
初めて活きて行ける

生きているんではなく
活かされているんだと
理解して生きて行く
事が大切なんだ！

一期一会

KEI

輩が輩を認めるとき
他人の力の凄さを知らず
今、俺は最強だと思っている
でも上には上がいる
その上の人間とぶつかったとき

自分の器量の小ささに気付く
その時初めて己の力の弱さを
認めるんだろうと思う

令和二年　文月　望日

Kei.

永遠の仲間たちへ

近さ長さではない
大切なのは、心を通わせた深さ！
仲間たちと絆を深め
また次の仲間たちに希望を託したい
縁の深さを本当に有り難いと思う一瞬を
大切にしたい

良き友

良き友こそ自分の人生の財産だ！
縁ある全ての人間たちと出会い
オープンな心で語り合い

絆を強くして
これからの人生を大切にしたい

和

・仲間内では腹を割って話し合って今後の方針を決める事が出来る
・お互いの長所を認め合い相手を誉める事が出来る
・先走って物事を決めない
・人の為に役立つ事を教える事が出来る
・打たれ強いグループ作りを第一に考える事が出来る

これら、和をもって行動出来る資質があれば
いじめたり、いじめられる事はない

枯れ葉を踏みしめるたび思う

今年で何度目だろうか?
枯れ葉の柔らかさが今の時期懐かしく思える
餓鬼の頃仲間たちと一緒に感化院から逃げ出し
山ん中走り回って逃げた
その時いつも寒い冬
その時の枯れ葉の柔らかさと
今の枯れ葉の柔らかさの違いが
分かったように思う
歳取った証拠だね
あの頃の仲間たちは皆シャバにはいない
寂しくなった!
歳を取るという事は
見送りも増えてくるようだ(笑)

生命の焔《ほのお》

四〇年来の昔からの友達が
やたらと最近、俺より先に勝手に死んでしまう……
そりゃそうだ
四捨五入すれば俺も還暦だし
それを考えると当たり前だな
歳を取ったもんだ
餓鬼の頃、死ぬなんてこれっぽっちも思った事なかったから
最近、死が身近にあるとな〜んにも考えなかったあの頃が、懐かしく思える
残り何年俺は生き残れるか？
残り何年家族たちと過ごせるのか？
蝋燭の焔の長さなんて人それぞれだからな
残り何年だとしても俺は俺の生き方を貫いてみせる
人生のラストスパートを……

友《ダチ》よ

色あせた写真の中の友は
憎らしいほど生気を漲らせ
気合いが入っていた
あれから四〇数年の時を経て、現在
白髪頭のダチたちを見ていると
まるであの頃は
別の人生を生きていたのかと思うほどだ
だけどダチの眼を見れば
まだまだ気合いが入っているのが分かる
ダチたちよ！　死んだって強い者に飲み込まれず
男らしく気合いを入れて
意地を通していてくれよ！
yes man には決してならないでくれ！

全てを捨ててかかれ

人は守りに入れば弱くなる
全てを捨ててかかれ！
愛する者たちを犠牲にする覚悟で物事に挑まねば
全てが中途半端に終わってしまう！
己が負ければ
愛する者たちまで犠牲にしてしまう
そうなるのなら最初《ハナ》から
覚悟を示して物事に挑め！
緊褌一番！

人間関係の重要性

健康的に幸せに生きる為のコツ
仲間やファミリーたちとの信頼関係を築ける人間は
人生を満喫して健康に気を使って長生き出来る
逆に悪い人間関係と孤独は致命的
もう一度、人間関係を見つめ直したい

本当の優しさとは

手を差し伸べるんじゃなく
突き放す事が本当の優しさなのかもしれない
情けも過ぐれば仇となる……
諺にもあるが、突き放す方も〝愛情〟がなければ出来ないだろう！

獅子は我が子を千尋の谷へ落とす
人を恨むんじゃないぞ!

人間のやきもち

男女問わず己の思うように事が運ばない時
相手方は上手く事が運んでいる
そんな時ほど、自分の損得を考えてしまうのが人間
自分が失敗した時相手を褒め
言葉に出さず「いつか見返してやるぞ!」と
思いとは裏腹に腰を低くして相手と接していればいい
言葉に出せば嫉妬と取られ、己の価値を下げる
人間のやきもちは誰でもあると思うが
言動に出さない方がいい

心

人の心が読めたらいいな
その人より先をいけるから
心というもの水の如し
また 不変でもある
信念をもって事を成そうと

思わないと心は迷ってしまう
だから自分の言った事は成す事
心が読めなくとも己は己
それが人間の心だと思う

令和二年　皐月　安日
Kei

人間の付き合い

人と人との付き合いはお互いに
助け合って行く事だと思う
付き合いをしてもらっている限り
やってもらった事に対し
恩を返さないと

恩を忘れる奴は犬畜生と同じ
餌をくれる奴らには付いてゆく
そんな奴らは己れの意思が
ない奴らだと思う

令和二年 水無月 吉日

Kei.

人は心でわかり合うもの
人と人の付き合いの中で
金が絡むと大概
関係が悪くなる
金は親の仇とよく言うが
自分は金の付き合いではなく

金はないが人のためなら身を
投げ打って義理、人情、義侠を
根本にして人との付き合い
をしたい　そうすれば心が
通じ合うと思うからね

令和二年　葉月　思日

Kei.

死様

人は生き様と死様を
考えなければならない
生き様を間違えれば
死様も見せられない
一生の中で後悔せぬ様

日々生き様を見せて
勝負して結果を出す
その積み重ねが死様という
形を見いだせるのではないか

令和二年 皐月 吉日

Kei

自分が死んだ時

自分が死んだ時
喜怒哀楽のアクションを
表現してくれる仲間《とも》が居なければ
生きている甲斐がない
だから今を仲間《とも》たちに……
喜んで貰えるよう
怒って貰えるよう
哀しんで貰えるよう
楽しんで貰えるよう
あくの強い真の己を曝け出し
仲間《とも》たちの心に
強烈な印象を残せるように……
今を一生懸命に生きて行きたい

死後の事

人は死んだら
戒名がないとあの世に逝けないという
閻魔大王の前で裁きを受け
〝通行手形〟を発行して貰い
やっとあの世に逝けるという……
だが、神仏というもの
全て人間が考え創造したものだと思う
自分はそういうもの全てを否定したい
自分は死後
桜の木の根元に散骨して貰いたい
そして毎年花見の頃
皆でその花を見てくれたらいい！

家族を持った時点で諦めないといけない事

諦めるのは
女、金、車、自分の欲望
今までとは真逆の人生！
己の欲望は捨て、女房を裏切らず
子供たちに尊敬される言動を心懸ける事
家族と同じ夢や希望があるのなら
皆でその夢に向かって力を合わせたらいい
夢や希望が違うのなら
自分の人生は家族の為に捧げたらいい
自分一人の人生ではないのだから
自分の事は諦める事

家族とは？

信頼する事が一番大切！　血を分けた親子なら特に信頼する事！
信頼出来ず人の腹ばかり読むようになると周りは敵だらけ
人間の和は保てない
信頼する事こそ本当の家族ではないか？
家族とは和を保てる関係でありたい

余生

自分は余生を南の国で過ごしたいという理想がある
実際は人の付き合い仕事など次から次へと忙しい日々を送っているのが現実
でも理想があるからこそ、毎日を生きていられる
理想を現実にする為にね

笑顔のある家庭

人は、いつも楽しいわけじゃない
多分、嫌な事の方が多いだろう
心が折れそうな時、そんな時に笑顔溢れる家族がいれば
また明日から頑張ろうという気持ちになれる
笑顔になれる家庭環境を作る事が
自分は一番大切なのではないかと思う

子供の教育とは?

子供に教える事に
「これが正しいんだ!」というものは、ないと思う
親の心を子に伝えられるようにするには

親のちょっとした気配りがあればいいだろう
たまの親父の手料理や、教えたい事を言葉で教えるんではなく
手取り足取り親が子に一緒んなって汗かきながら接する事が
子に対しての一番の教育方法だと思う
以心伝心ですね

男として避けられない事

大切な家族、仲間を守る時
その大切な者たちを傷つけられるような事があれば
全てを捨ててでも、男としてきっちりケリをつけなければならない時
人の米櫃に手を突っ込まれたら、きちんとケジメをつけなければならない時
反対に己が失敗したら、きちんとケジメをつけなければいけない時
男として避けられない時である

成長

自身の成長、子供の成長、祖先から受け継いだＤＮＡが自分自身を成長に導く
細胞と思考能力は全て先祖からの遺伝子がそのように導くのだと思う
人間何もしなくとも飯だけ食べてりゃ
身体的にはどんどん大きくなるが、中身の問題だね
人間、精神的に成長しないとね！
「為せば成る為さねば成らぬ何事も」の精神で成長しよう！

息子

息子（ｈｉｊｏ イホ）よ、俺は残り何年生きれるのか分からないが
でも、確実にお前より先に死ぬだろう
そうでなきゃ人間の一生ではないだろ？

いつかお前が親父の死を深く考える時がきっと来るだろう
それまで目一杯、反抗心をもって真っ正面から俺に対して接してくれ
その方が俺も生きている甲斐があるから
息子よ！　反抗心＝人に対しての想いやりが分かるって事だから

自分の子供に願う事

人に優しく出来る人間になってくれ
強い者には負けず弱い者には手を差し伸べてやれ
嘘や虚勢を張る事なく、ごく普通の人生を送ってくれ
お母さんを大切に守ってやる事
気立ての良い嫁さん貰って子孫を残し俺の血を絶やすな
親父の良いところ悪いところを見て、良いと思ったところを真似してくれ
健康には充分気を使い百まで生きてくれ

桜木の花は散っても
また来る日に花が咲く事だろう
でも人心の中にある"華"は
一度散れば二度と咲く事は
ないだろう！どうせ散るのなら
人心に強烈な残像の華を
残したい！

そう思って毎日を生きて行きたい、
咲くも桜、散るも桜どうせ桜花
人の心に永遠に華を咲かせたい

桜花爛漫

KEI

哀しみ

なんでそんなに
哀し〜い顔してんだよ
そんな顔だといい事ないよ
向日葵の様に

太陽にずっと向かい
楽し〜い顔しようよ！
笑ってると
きっといい事もあるよ！

令和二年　葉月　良日

Kei.

依存症

依存症には二種類あると思う。

★快楽型依存症
麻薬、アルコール、ギャンブル、性欲など、快楽に走るとブレーキが効かない。気持ちがいいんだから当たり前だ。自身でセーブしようと思っても無理な事。若いと余計に分別がなくなる。流行りだと思ってどうでもよくなる。

五〇過ぎてこの快楽型にハマると結末が見える！　快楽を得る為だけに稼いでるようなもの。金がなくなると犯罪に走る傾向だね。一番ヤバイ依存症だと思う。

★人間依存症

ヤクザ者ならば組織に依存する。

代紋が背景にあるから強いと思い込み、一人になるのが恐い！　だから破門絶縁になると皆潰れる。上の者に媚び、下の者には嫌な事を押し付ける、これも依存症だね。

親子関係なんか最悪だと思う。親のすねかじり金がなくなると暴力をふるったりして。いつまでも、あると思うな親と金。

依存症の人間は、一度カウンセラーに診てもらいたい。

児童虐待

躾のつもりなのかもしれないけど、度を超えた暴力をふるったり何日間も飯食わせなかったりして、親が子供を殺してしまうという児童虐待の報道が最近やたら目立つ。親は子供に対して望みをかけるから一生懸命に教育をするつもりで言って聞かせる。でも子供は言う事を聞かないから叩いて躾ける。そういうのが俺たちの子供時代。当時は親もちゃんと殴りどころを分かってたからね。

もともと日本は孔子の『論語』の教えを基に子孫に教育を施す国。日本人ならば親から子供への「愛の鞭」という教育のあり方があってもいいのではないのか。親として「子供に立派に成長してもらいたい」と思うのは当たり前。子供への「愛の鞭」も、度を超さなければ普通の教育だと思う。

でも、現代の親は意味もなく自分のストレスを子供に当たり散らす。自分の管理もロクに出来ない親が簡単に子供を産み、自分の失敗を子供に転嫁する。そして少しでも反抗すると死ぬまで叩く。

「お父さんもうゆるして」と紙に書いて訴えて苦しみながら亡くなった子供もいる。今は子供に対する躾が本来の意味とは別方向に進んでいる。そんな親たちは、きっと子供時代に人から「叩かれたら痛い」とか「飯食わないと衰弱する」とか、そんな当たり前の事を教えてもらってないんだね。

どうして自分の可愛い子供に暴力をふるう？　限度を超えてんだよ。愛情が稀薄なんだね！　安定していない家庭に安定している子は望めないんだろうね。子供は親を選ぶ事が出来ない。だから親もまずは自分の振る舞いを考える事が大事だと思う。少しは子供への接し方にも余裕が出来るのではないかと思う。もっと自分の子孫を大切にしてほしい。

マスコミも事件の報道ばかりしてないで、「どうやったらマスコミを通じて児童虐待を減らせるのか」を考えてもいいと思う。

思うんだけど、虐待防止法なんかとかそんな遠い話ではなくて身近にね、郵便ポストの隣りに黄色のポストを立てて、シグナルサインが子供や近所から受け取れるシステムを考えたらいいと思う。子供番組やテレビで毎日のようにテロップで「人間やめますか？」じゃないけど、ばんたび警告のように注意喚起すればいいのにと思う。

NPO法人グッド・ファミリーの活動

子供の育成、保護、教育、指導をモットーにKEIが立ち上げたNPO法人グッド・ファミリー（Good Family）。児童虐待、非行、イジメ、登校拒否など子供にまつわる相談から、育児放棄された子供たちのケア、家庭内暴力、自殺、麻薬中毒、人間関係などKEIが取り組む問題は多岐にわたり、多くのメディアから取材を受けている。

29 神奈川 横浜 13版 2015年（平成27年）10月26日 月曜日 朝日新聞

横浜

親子の距離 海で近づく

平塚のマリンスポーツクラブ

水上バイクや食事 みんな笑顔

ルポ かながわ

横浜ブラスが金賞

全日本吹奏楽コン 職場・一般

清泉女学院が銀賞

全日本合唱コン 中学

山手の街並み 魔女らが散策

ハロウィンウォーク

JR川崎駅には 仮装の2500人集結

あとがきにかえて

自由と幸福「持続的幸福」について

私が今まで生きてきて思った事を述べさせていただきます。

現在の自分は、愛する家族や仲間たちと、法のもとに自由な生活を過ごさせていただいております。好きなものを食べたり、散歩したり旅行に行ったり、みんなと笑顔でいられるごくごく普通の生活に幸せを感じております。

なぜ自分がこんなにも社会での暮らしに自由と幸福を感じる事が出来るのか？　それはかつて、自由なようで実はそうではない世界に身を投じていた経験があったからです。

その頃は自分もそれを幸せだと感じていたのでしょう。衣食住では同年代のクラスメイトよりは何倍もおいしい思いをしていました。しかし掟には絶対的な制限と束縛がついてまわりました。例えば事務所の当番運転手などは長時間の束縛でした。

また一つ間違えると事件を起こしてしまう危うさがありました。刑務所に入る事になれば、残された家族は待つのみ。自分の事しか考えられず、気がつくと全てをなくしていました。

そんな自分がアメリカの刑務所から日本に戻ってきた時、助けてくれる人は誰もいませんでした。その時に「あの頃は自由だったけれども、実は束縛の中の自由から解放されていなかったんだ」と気づきました。

それからは、法を犯す事なく愛する者との出会いを大切にし、長い間愛情を育んできました。

やはり守る者が出来れば、愛する者が出来れば、その人に辛い思いをさせてはいけないの一心で、無我夢中に今日までやってこられました。

服役中の方、また服役から帰ってこられた方々には、愛する人を見つける事、守る人を見つける事こそ、今後の持続的幸福に繋がるんではないかと話をしております。

今ではその人たちと一緒に、マリンスポーツやハロウィンパーティーやバーベキューなどイベントを通して絆を深めています。その人たちの幸せそうな顔を見ている時が一番の幸福だと思っております。

KEI関連書籍・絶賛発売中!!

【BOOK】

『KEI チカーノになった日本人 改訂版』

KEIの伝説は、この1冊から始まった!

FBIの囮捜査にはめられ、
カリフォルニアの刑務所に10年以上服役した
日本人KEIの、壮絶なるハードコア・ライフ!!
KEIが服役したアメリカの極悪刑務所は、
自由に溢れ、女もドラッグも買い放題の天国であり、
殺人も抗争も暴動も日常茶飯事の地獄であった。

KEI 著／四六判・並／224ページ
定価：本体1,500円（税別）
ISBN：978-4-309908-20-5
発行：東京キララ社　発売：河出書房新社

【BOOK】

『チカーノKEI 歌舞伎町バブル編』

映画『HOMIE KEI』で描ききれなかった
少年ヤクザ時代の驚愕のエピソード満載!

不良少年、暴走族を経て、
ヤクザ街道を突き進む ―― 。
金と暴力が支配する
壮絶な80年代の歌舞伎町ヤクザ時代を
赤裸々に語った「バブル狂騒曲」!!

KEI 著／四六判・並／192ページ
定価：本体1,500円（税別）
ISBN：978-4-903883-37-3
発行：東京キララ社

東京キララ社の本

各書籍詳細、その他の刊行物は弊社公式WEBサイトにてご案内しております。

新宿ディスコナイト 東亜会館グラフィティ
著者：中村保夫

ディスコの日認定記念！　ブームの中でも未だ語られることのなかった新宿歌舞伎町・東亜会館の「子供ディスコ」シーンを徹底アーカイブ。新宿の夜を彩った319枚のディスクをカラーで紹介！

音楽

定価：本体 1,800 円（税別）　A5 判 / 並製 / 184 頁　ISBN978-4-903883-31-1

徳川おてんば姫
著者：井手久美子

徳川慶喜の孫娘である著者が綴る、戦前の華族の暮らし。少女時代の夢のような生活から一変、結婚と戦争、夫の戦死、そして娘との別れ。波乱に満ちた人生を軽やかに駆け抜けた「おてんば姫」初の著作。

歴史 / エッセイ

定価：本体 1,600 円（税別）　小 B6 判 / 上製 / 192 頁　ISBN978-4-903883-29-8

築地魚河岸ブルース
著者：沼田学

築地の魅力は人にあり！　市場の写真集なのに魚が一匹も映っていない？主役は働く人々。ターレーを乗り回すイカした佇まいと、人生が刻み込まれたいい顔満載のポートレート集。特装版（A4判/上製/税別3,900円）も。

写真集

定価：本体 2,000 円（税別）　A5 判 / 並製 /144 頁　ISBN978-4-903883-26-7

ハングリー・ゴッド
著者：COOLS ヒデミツ

2015年、デビュー40周年を迎えたCOOLS。これまでの軌跡を綴ったファン必読の一冊！変わらぬ姿勢・人生観、世代を超え愛される魅力がつまったエッセイ集。走り続けるCOOLSヒデミツを追いかけろ！

音楽 / エッセイ

定価：本体 2,000 円（税別）　A5 判 / 並製 / 192 頁　ISBN978-4-903883-10-6

ホタテのお父さん
著者：安岡力斗

長男誕生をきっかけに、芸能界一の暴れん坊から優しいパパへと変身した安岡力也。離婚～クレーマークレーマー生活～ギランバレー症候群～親子間での肝臓移植。息子･力斗が語る、愛と涙で綴る究極の親子秘話。

芸能 / ノンフィクション

定価：本体 1,600 円（税別）　四六 / 上製 /224 頁　ISBN 978-4-903883-06-9

和ラダイスガラージ BOOK for DJ
編著：永田一直

懐古主義的な楽しみから、ダンスミュージックとして進化を遂げている和モノ・シーン。その最先端を突っ走ってきた「和ラダイスガラージ」DJ 陣による DJ の為の“新世代”和モノディスクガイド（312 枚）。

音楽

定価：本体 2,000 円（税別）　175 × 175mm / 並製 / 218 頁　ISBN 978-4-903883-08-3

エロ本
著者：ハチミツ二郎

お笑い芸人･ハチミツ二郎（東京ダイナマイト）が、日本にエロ本カルチャーを取り戻す！前田日明、雨宮留菜、杏ちゃむ、小林マイカ、ロバート秋山、ダイノジ、イノウエアツシ、さらば青春の光森田らが登場する豪華記事満載！

サブカル

定価：本体 1,500 円（税別）　A5 判 / 並製 /128 頁（カラー 64 頁モノクロ 64 頁）　ISBN 978-4-903883-51-9

THE DEAD
著者：釣崎清隆

死体写真家･映像作家として、世界各地の犯罪現場や紛争地域を取材してきた釣崎清隆が、あらためて“死”をテーマに、国内での写真集刊行に挑戦！平成最後の純国産総天然色無修正死体写真集。

写真集

定価：本体 7,000 円（税別）　A4/ カラー /208 ページ / 函入　ISBN 978-4-903883-35-9

マーケティングなんかクソ喰らえ！ 数々の話題作を発表し続ける反社会的社会派出版社が自信をもっておすすめする一冊！

バースト・ジェネレーション Vol.1

ケロッピー前田 責任編集

90年代カウンターカルチャーに多大なる影響を与えた伝説の雑誌『BURST』の血統を継ぐビジュアル単行本。スペシャル対談「内田裕也× HIRØ」、執筆陣：ケロッピー前田、ピスケン、釣崎清隆、根本敬、石丸元章、沼田学ほか。

サブカル

定価：本体 2,000 円（税別）　A4 判 / 並製 / 96 頁　ISBN 978-4-903883-34-2

バースト・ジェネレーション Vol.2

ケロッピー前田 責任編集

スペシャル対談に「般若× HIRØ」「KEI × 漢 a.k.a GAMI × D.O」が登場！ BURSTでおなじみの執筆陣に加えて、PANTA、ロマン優光、姫乃たまらが参加し、過激な最新カウンターカルチャー事情を紹介！

サブカル

定価：本体 2,000 円（税別）　A4 判 / 並製 / 96 頁　ISBN 978-4-903883-47-2

プロレスリング・ノア写真集「LIVE!」

著者：宮木和佳子

団体初の写真集。2017 年、団体史上最も変革・動乱を巻き起こしたシリーズ「NOAH THE REBORN」から、現在進行中のシリーズ「NOAH THE LIVE」まで、オフシャルカメラマンだからこそ撮れた激闘の記録を一冊に！

写真集

定価：本体 2,778 円（税別）　B5 判 / 並製 / 128 頁　ISBN 978-4-903883-30-4

原子力戦争の犬たち　福島第一原発戦記

著者：釣崎清隆

世界中の無法地帯、紛争地域を渡り歩いてきた死体写真家・釣崎清隆が自らの目で見た原子力戦争最前線。ゴールドラッシュならぬ放射能ラッシュに涌く福島に、一攫千金を夢見て群がる男達の群像劇。

ノンフィクション

定価：本体 1,600 円（税別）　四六判 / 並製 / 200 頁　ISBN 978-4-903883-23-6

BATTLESHIP ISLAND　軍艦島

著者：マツモト ケイイチロウ

その特異な外観と歴史で、国内外の多くの人を魅了する、軍艦島の魅力を詰め込んだ一冊。軍艦島をこよなく愛する著者が、その圧倒的な美を最大限に引き出し、観るものを別次元へと引き込む至極の写真集。

写真集

定価：本体 1,800 円（税別）　A5 判 / 並製 / 128 頁　ISBN 978-4-903883-12-0

マイルス・デイヴィス写真集 NO PICTURE !

著者：内山繁

80年代来日時の貴重な記録写真、未公開アザーテイク、晩年のプライベートショットなど、観る者を魅了してやまない帝王マイルスの一瞬一瞬を収めた写真集。【巻末特別対談】内山繁 × 小川隆夫

写真集

定価：本体 2,000 円（税別）　A5 判 / 並製 / 144 頁　ISBN 978-4-903883-21-2

珍盤亭娯楽師匠のレコード大喜利

和ラダイスガラージ監修

DJ の DJ による DJ のための新世代・和モノブック！　珍盤亭娯楽師匠による狂喜乱舞のレコードガイド。「音頭」に「演歌」に「祭り唄」……ダンスミュージックの概念を大きく変える「和ラ本」第二弾！！

音楽

定価：本体 2,000 円（税別）　175 × 175mm / 並製 / 206 頁　ISBN 978-4-903883-17-5

カニバの弟

著者：佐川純

パリ人肉事件佐川一政の実弟・佐川純が赤裸々に語る、兄・一政との絆、事件後に一変した家族の生活、映画『カニバ』撮影中に告白した衝撃的な性癖……驚愕の手記！

ノンフィクション

定価：本体 1,500 円（税別）　四六 / 並製 / 192 頁　ISBN 978-4-903883-45-8

昭和に生まれた侠の懺悔

二〇二〇年十月二七日
第一版第一刷発行

著者 KEI ©2020
発行者 中村保夫
発行 東京キララ社
〒一〇一ー〇〇五一
東京都千代田区神田神保町2丁目7 芳賀書店ビル5階
電話 〇三ー三二三三ー二二二八
MAIL info@tokyokirara.com
デザイン オオタヤスシ（Hitricco Graphic Service）
編集 中村保夫 梅田嘉博
DTP 加藤有花
印刷・製本 中央精版印刷株式会社
ISBN 978-4-903883-52-6 C0036
2020 printed in japan